Mes jolies princesses classiques

AUZOU

Illustration de couverture : Claire Gandini

Direction générale : Gauthier Auzou
Responsable éditoriale : Maya Saenz
Conception et création graphique : Annaïs Tassone
Directeur fabrication : Jean-Christophe Collett
Fabrication : Amandine Durel

Dépôt légal : octobre 2012
ISBN : 978-2-7338-2170-1
Réf. : C12872C

Imprimé en Chine

Mes jolies princesses classiques

AUZOU

Sommaire

La Reine des Neiges

Un jour, le diable confectionna un miroir qui avait la propriété de faire disparaître la beauté qui s'y réfléchissait et, au contraire, de faire ressortir ce qui était déplaisant. Le diable courut partout dans l'univers avec son fameux miroir, mais, tout à coup, le miroir lui échappa des mains, se brisa en milliards de morceaux, qui tombèrent sur la Terre.

Ces débris, pas plus gros que des grains de sable, furent éparpillés à travers le monde. Les gens qui reçurent cette poussière dans les yeux voyaient tout en mal, tout en laid et tout à l'envers. Ils ne voyaient plus que les défauts de chaque créature. De petits morceaux descendirent jusque dans le cœur de certains hommes...

Dans une grande ville vivaient deux enfants : Kay, un petit garçon, et Gerda, une petite fille. Ils habitaient deux mansardes en face l'une de l'autre.

Les deux enfants avaient l'habitude de se retrouver assis côte à côte, dans leur petit jardin, au milieu des roses.

Un jour, alors que Kay et Gerda regardaient un livre d'images, Kay s'écria soudain :
« Aïe, il m'est entré quelque chose dans l'œil ! »
C'était un des morceaux du terrible miroir qui fait paraître petit et laid ce qui est grand et beau. Kay n'avait plus mal, mais ce produit de l'enfer était en lui. Le lendemain, Kay vit un grand traîneau blanc conduit par un personnage couvert de fourrure. Kay y attacha son petit traîneau, et le grand attelage s'élança à toute vitesse hors de la ville. La neige se mit à tomber. Paniqué, Kay voulut détacher son traîneau de l'autre, mais n'y arriva pas. Un peu plus tard, le grand traîneau s'arrêta et son conducteur se leva : c'était la reine des Neiges. Pour réchauffer Kay, elle l'enveloppa dans son manteau de fourrure. Kay crut s'enfoncer dans la neige et oublia alors la petite Gerda.

Quand le printemps revint, Gerda se mit en route pour rechercher Kay. Une corneille et un renne voulurent savoir où elle allait. Gerda leur raconta ses aventures et demanda s'ils avaient vu le petit Kay.

« Peut-être, dit l'oiseau. Mais il t'aura oubliée, car il ne pense plus à personne ! Quand nous l'avons vu, il était assis dans le traîneau de la reine des Neiges, et allait en Laponie, là où la reine a son palais d'été. Il y est très heureux. Cela vient du fait qu'il a dans le cœur un éclat de miroir et dans l'œil un grain de ce même verre, qui dénature les sentiments et les idées. Il faut les lui retirer, sinon il ne reviendra jamais.
Toi seule Gerda peut parvenir jusqu'au palais de la reine des Neiges et enlever les débris de verre qui ont causé tant de mal. »

Gerda s'assit sur le dos du renne et il partit comme une flèche, galopant jour et nuit à travers forêts et steppes.
Ils arrivèrent en Laponie devant le palais. La neige y tombait à gros flocons. Gerda s'approcha. Les murailles du palais étaient faites de neige amassée par les vents.

Dans la grande salle, on voyait un lac gelé dont la glace était fendue en milliers de morceaux. Le petit Kay était là, bleu de froid, mais il ne le sentait pas. La Reine des Neiges lui avait enlevé toute sensation de frisson et était partie en voyage, laissant Kay seul.
C'est ainsi que Gerda entra dans le palais. Elle sauta au cou de Kay en s'écriant : « Enfin, je t'ai retrouvé ! »
Mais il ne bougea pas, les yeux rivés sur les morceaux de glace. Gerda pleura et ses larmes tombèrent sur la poitrine de Kay, pénétrèrent jusqu'à son cœur et en firent fondre la glace. Le vilain éclat de verre fut ainsi emporté avec la glace fondue. Alors Kay éclata en sanglots, des larmes jaillirent de ses yeux et le débris de miroir en sortit. Il reconnut Gerda : « Où étais-tu pendant si longtemps, et moi, où étais-je ? »
Après un long voyage de retour, les enfants aperçurent la ville où ils vivaient. En passant devant une glace, ils s'aperçurent qu'ils étaient devenus de grandes personnes.
Les roses devant les mansardes étaient fleuries. Ils restèrent longtemps assis, se tenant par la main. Ils avaient grandi et cependant ils étaient encore enfants, enfants par le cœur.

La Princesse au petit pois

Il était une fois un prince qui cherchait désespérément une princesse, mais pas n'importe laquelle. Il désirait une véritable princesse ! Seulement voilà, comment être sûr qu'une princesse est une vraie princesse ? Le prince fit le tour du monde et rencontra des centaines de princesses. Mais elles avaient chacune un défaut. L'une avait les pieds qui sentaient mauvais, une autre disait des gros mots et une autre encore se conduisait comme un garçon manqué. Elles ne pouvaient certainement pas être de vraies princesses.

Il rentra, attristé, de son long voyage.
« Jamais je ne trouverai une vraie princesse, sanglota-t-il. Je vais devoir rester seul dans cet immense château, sans compagne à mes côtés. »
Le roi et la reine essayèrent de le réconforter, mais rien à faire.
Les journées passaient et le prince s'ennuyait terriblement.

Un soir de violent orage, une jeune fille nommée Anaëlle frappa à la porte du château. Elle avait les cheveux tout mouillés. Des gouttes d'eau dégoulinaient sur son visage et ses vêtements étaient maculés de boue. Elle ressemblait aux mendiantes qui vivaient dans le village, pourtant, elle affirmait être une princesse.

« Laissons-la entrer, proposa la reine. Je saurai reconnaître une véritable princesse. »
La reine donna à l'inconnue une robe toute propre ainsi qu'une paire de chaussures. Elle lui fit préparer une chambre. Pendant le repas, le prince ne quitta pas Anaëlle des yeux.
À la tombée de la nuit, la reine mit discrètement un petit pois sur le sommier de l'invitée. Elle le recouvrit soigneusement de vingt matelas, puis de vingt édredons.
« Nous verrons bien si c'est réellement une princesse », ricana-t-elle avant de sortir de la chambre d'Anaëlle.

Le lendemain matin, la reine se leva la première et attendit que la jeune fille se réveille.
« Avez-vous bien dormi, ma chère ? lui demanda-t-elle.
– Très mal. J'ai le dos meurtri. Ce lit est très inconfortable ! »
La reine décréta qu'il s'agissait d'une vraie princesse, car seule une jeune fille de sang royal pouvait avoir la peau aussi sensible.

Le prince décida de se marier avec la jeune fille qui avait réussi à sentir un petit pois à travers vingt matelas. Ils vécurent heureux ensemble et eurent beaucoup d'enfants. Le petit pois, quant à lui, fut exposé dans un musée, où l'on peut encore l'admirer, si personne ne l'a volé.

Blanche-Neige

Il était une fois une reine qui mit au monde une magnifique petite fille. Ses cheveux étaient aussi noirs que l'ébène et sa peau aussi blanche que la neige, si bien qu'on l'appela Blanche-Neige. Hélas ! La reine mourut peu après la naissance de l'enfant.
Le roi se remaria avec une femme très belle, mais qui cachait un cœur d'une grande noirceur.

Tous les jours, la jeune femme interrogeait son miroir magique :
« Miroir ! Mon bon miroir ! Dis-moi qui est la plus belle ? »
Le miroir, qui disait toujours la vérité, lui répondait qu'elle était la plus belle d'entre toutes.

Mais les années passaient et Blanche-Neige devenait de plus en plus belle. Un jour que la méchante reine questionnait son miroir, celui-ci lui répondit :
« Ma reine, vous êtes très belle en vérité, mais Blanche-Neige l'est bien plus que vous ! »
La reine, folle de jalousie, ordonna à un chasseur de tuer l'enfant et de lui rapporter son cœur comme preuve de sa mort.
L'homme obéit. Il mena Blanche-Neige au plus profond des bois, mais ne put se résoudre à tuer la charmante jeune fille. Il la pria de lui pardonner et de partir le plus loin possible.

Le chasseur rentra au château et présenta à la cruelle reine le cœur d'un chevreuil qu'il avait tué en chemin.

Dans la forêt, la pauvre Blanche-Neige, abandonnée à son sort, courait à perdre haleine. Elle s'arrêta, toute tremblante de peur et de froid, lorsqu'elle aperçut une petite chaumière dans une clairière.

Elle frappa timidement à la porte, mais personne ne répondit. Doucement, elle entra.
À l'intérieur, tout était minuscule. Il y avait autour d'une table sept petites chaises. Et sur cette table, sept petits couverts et sept petits gobelets. Elle goûta au contenu des sept assiettes. Une fois sa faim apaisée, elle s'étendit sur l'un des sept petits lits et s'endormit.

La petite maison appartenait à sept nains. Quand ils revinrent du travail à la nuit tombée, quelle ne fut pas leur surprise de découvrir qu'on avait mangé dans leurs assiettes et que quelqu'un dormait dans l'un de leurs lits ! Mais les nains furent si émerveillés par la beauté de Blanche-Neige qu'ils ne la réveillèrent pas.

Le lendemain matin, lorsque la jeune fille ouvrit les yeux et qu'elle découvrit les sept nains, elle leur raconta ses mésaventures. Ils lui offrirent de rester et de les aider à faire la cuisine et le ménage. Blanche-Neige accepta à leur plus grande joie.
Les jours passèrent paisiblement, jusqu'à ce que la méchante reine consulte son miroir :
« Miroir ! Mon bon miroir ! Dis-moi qui est la plus belle ?
– Ma reine, vous êtes très belle en vérité, répondit-il, mais Blanche-Neige, qui vit avec les sept nains, l'est bien plus que vous ! »

La méchante reine, qui était aussi une sorcière, décida d'agir elle-même. Déguisée sous les traits d'une vieille marchande, elle se rendit chez les sept nains et, alors que la jeune fille était seule, lui proposa une belle pomme rouge qu'elle avait empoisonnée. Lorsque Blanche-Neige croqua dans le fruit, elle s'écroula à terre, comme morte.

Quand les sept nains revinrent du travail, ils trouvèrent la jeune fille inanimée devant la porte. Leur chagrin fut immense. Les nains taillèrent spécialement pour elle un cercueil en cristal. Ils l'allongèrent dedans et la portèrent sur une colline où ils la veillèrent à tour de rôle.
Un beau jour, un prince, qui passait par là, découvrit Blanche-Neige dans son cercueil transparent. Saisi par sa grande beauté, il en tomba amoureux.

Les nains lui contèrent son histoire et, alors qu'il la prenait dans ses bras, le bout de pomme empoisonné tomba de la bouche de la jeune fille. Blanche-Neige reprit vie aussitôt. Elle épousa son beau prince et ils vécurent heureux, entourés des sept nains.

Peau d'Âne

Il était une fois, dans une contrée lointaine, un roi et une reine bien aimés de leur peuple. Ils gouvernaient avec bonté, justice et bienveillance, leur âne enchanté pourvoyant aux richesses du royaume en souillant sa litière de pièces d'or. L'enfant des souverains comblait cette félicité : à l'image de sa mère, la jeune fille n'était que grâce, douceur et perfection. Hélas, un jour, la reine tomba malade.
– Il vous faut un héritier, dit-elle à son mari. Mais choisissez pour seconde femme une beauté au moins égale à la mienne...

Et le roi, devenu veuf, dut se résoudre à se remarier. Or, ne trouvant personne qui égala mieux la reine que sa propre fille, il décida d'épouser celle-ci. Affolée, la jeune princesse suivit les conseils de la Fée des Lilas et exigea du roi, comme condition à leur mariage, diverses robes impossibles. Mais le roi engagea les meilleurs couturiers, et la jeune fille reçut, selon ses désirs, une robe couleur du temps, magnifique de reflets chatoyants, une robe couleur de lune, splendide de lumière argentée, et une robe couleur de soleil, rutilante de diamants. Le roi n'hésita même pas à tuer son âne enchanté lorsque sa fille en exigea la peau !
La princesse n'eut alors d'autre choix que de se sauver.
Elle se barbouilla le visage de suie, enfila la peau de l'âne, et s'enfuit incognito du château.
Elle parvint à une grande ferme où, la prenant pour une souillon, on l'appela Peau d'Âne avant de l'engager pour s'occuper des dindons. Afin de garder espoir, son labeur terminé, Peau d'Âne se cachait dans sa cabane, à l'orée des bois, et d'un coup de baguette magique, elle se parait de ses atours de princesse.

C'est ainsi que le prince d'un royaume voisin la surprit un jour, en regardant par la fenêtre. Elle était si belle qu'il en tomba aussitôt amoureux ! Il demanda qui habitait la cabane, mais on lui répondit que seule Peau d'Âne vivait là. Contrarié, le prince en tomba malade, et finit par réclamer un gâteau confectionné par Peau d'Âne afin d'en avoir enfin le cœur net ! Un valet partit donc trouver la jeune fille, qui s'empressa de cuisiner pour le prince, qu'elle aimait en secret.
En gage d'amour, elle glissa même son anneau d'or dans la pâte...

En le découvrant, le prince fut convaincu qu'une bague si fine ne pouvait convenir qu'au doigt délicat de sa princesse. Et pour la retrouver, il essaya donc l'anneau à toutes les jeunes filles à marier du royaume... en vain ! On convoqua alors Peau d'Âne. La bague passant comme prévu à son doigt, elle laissa tomber la peau de l'âne de ses épaules, et apparut enfin dans sa majesté de princesse ! La Fée des Lilas révéla alors l'identité de sa filleule, et le prince et la princesse se marièrent au cours d'un grand bal auquel le roi veuf, ayant recouvré la raison, se fit une joie d'assister.

La Belle au bois dormant

Il était une fois une reine et un roi qui eurent une fille. Toutes les fées du royaume furent nommées ses marraines et lui donnèrent des dons merveilleux : elle serait belle, intelligente, gracieuse…

Mais une vieille fée, vexée de ne pas avoir été conviée, annonça :
« Un jour, la jeune enfant se blessera la main en filant la laine et elle en mourra ! »

Cette terrible prédiction fit frémir l'assemblée. Mais une fée, la plus jeune d'entre elles, qui n'avait pas encore prononcé son vœu, déclara :
« Hélas, je ne peux défaire ce qui a été fait, la princesse se blessera bien la main avec un fuseau, mais elle n'en mourra point. Elle tombera dans un profond sommeil de cent ans, au bout duquel un prince viendra la réveiller. »
À partir de ce jour, le roi fit interdire les fuseaux dans tout le royaume, sous peine de mort.

Lorsque la princesse atteignit sa quinzième année, nul ne se souvenait de la prophétie. Or, il arriva que la jeune fille monta un jour tout en haut du donjon. Elle fut surprise de découvrir une vieille femme qui filait sa quenouille en ignorant l'interdiction du roi.

« Que faites-vous là ? demanda la princesse.
– Je file de la laine, mon enfant.
– Cela doit être amusant ! Puis-je essayer ?
– Bien volontiers », répondit la vieille femme en lui tendant son fuseau.

Quand la princesse s'en saisit, elle se blessa la main et tomba évanouie sur le sol. Le roi fut aussitôt appelé et, se souvenant de la prédiction de la méchante fée, fit porter sa fille dans ses appartements. La bonne fée qui lui avait sauvé la vie bébé endormit le roi, la reine, et toute la cour, afin qu'ils se réveillent en même temps que la princesse. Tout autour du palais poussèrent des ronces, des buissons à épines et des arbres géants. Ni homme ni bête n'aurait pu entrer.

Cent ans passèrent. Un jour, le prince d'un royaume voisin s'égara dans la forêt alors qu'il chassait. Il aperçut avec surprise les tours du château et demanda à un vieil homme qui en était le propriétaire : « Mon arrière-grand-père me racontait souvent qu'une princesse magnifique y dormait depuis de nombreuses années, n'attendant que le tendre baiser d'un prince, qui saurait la réveiller et rompre le sortilège », répondit le vieillard.

Le jeune homme n'eut alors plus qu'un désir, aller voir par lui-même ce qu'il en était.
Comme il s'approchait, les ronces et les buissons épineux s'écartèrent comme par magie. Le prince se fraya un chemin jusqu'aux portes du château. Lorsqu'il fut passé, les broussailles se refermèrent brutalement derrière lui.
« Quel étrange endroit ! » pensa-t-il en continuant son chemin.
Partout autour de lui, les gardes, les domestiques et même les bêtes dormaient d'un sommeil profond. La vie dans le château semblait comme en suspens.

Lorsque le prince arriva enfin dans les appartements de la princesse, il vit une jeune fille d'une grande beauté allongée sur un lit de fleurs. Son éclat resplendissant le toucha en plein cœur. Il s'en approcha et se mit à genoux devant elle. Puis, avec une extrême douceur, l'embrassa. La princesse s'éveilla aussitôt et regarda tendrement le jeune homme : « Est-ce vous, mon prince ? »
Au même moment, tout le château s'éveilla. Chacun reprit ses activités au point où il les avait laissées. Le roi et la reine retrouvèrent leur fille avec joie. De grandes fêtes furent organisées. Peu de temps après, le prince épousa la princesse. Ils vécurent heureux, longtemps, et eurent de beaux enfants.

Shéhérazade

Il y a très longtemps régnait en Inde un bon sultan qui avait deux fils : Schariar et Schahzénan. Quand le sultan mourut, Schariar lui succéda et Schahzénan devint roi de Tartarie. Dix ans passèrent, puis Schariar s'ennuyant de son frère, il envoya son vizir le convier en Inde. Schahzénan accepta l'invitation, salua sa femme et s'en alla. Mais la nuit tombant, il se ravisa soudain et regagna son palais de Samarkand.
Quelle ne fut sa fureur de retrouver sa femme dans les bras d'un bel officier ! De rage, il tira son sabre et fit passer les coupables de vie à trépas. Il rejoignit ensuite le vizir, reprit sa route pour l'Inde, et les deux frères se retrouvèrent peu après avec bonheur. Schariar devinant cependant Schahzénan soucieux, il lui proposa une partie de chasse distrayante. Mais Schahzénan préféra s'asseoir en paix à la fenêtre.

Tout à coup, il aperçut sortant du palais vingt femmes vêtues de longs voiles. Arrivées dans le jardin, elles ôtèrent ceux-ci et Schahzénan réalisa que dix d'entre elles étaient des hommes, qui enlacèrent alors les dix femmes, parmi lesquelles se trouvait la sultane. Bouleversé de voir son frère trahi lui aussi par son épouse, Schahzénan lui narra dès son retour ce qu'il avait vu, ainsi que sa propre histoire.
Le lendemain, le sultan fit mine de repartir à la chasse et les deux frères, postés à la fenêtre, virent à nouveau les dix hommes enlacer les dix femmes en cachette. Schariar, humilié, fit exécuter la sultane avec son amant.

Puis, convaincu de l'infidélité de toutes les femmes, il pria son vizir d'en conduire une chaque soir au palais. Et à l'aube, il l'exécutait !
Or, le vizir avait deux filles dont l'une, Schéhérazade, plaignait de tout cœur le sort de ces femmes sacrifiées. Décidée à arrêter le massacre, la jeune fille partit avec sa sœur Dinarzade rencontrer le sultan au palais. Ce dernier, charmé par la beauté de Schéhérazade, accepta de l'écouter un instant. Dinarzade la pria alors de raconter l'une de ces histoires étonnantes dont elle avait le secret...
Le récit de Schéhérazade s'avéra si captivant, que l'heure à laquelle le sultan devait la tuer passa. L'exécution remise au lendemain, Schéhérazade poursuivit le soir venu son histoire envoûtante, et le sultan laissa encore passer l'heure. La jeune fille répéta ce manège chaque soir, si bien que Schariar s'habitua à ces contes merveilleux. Et quand mille et une nuits se furent ainsi écoulées, le sultan changea enfin d'avis sur les femmes, et fit gracier Schéhérazade. Cette nouvelle réjouit le peuple qui bénit les époux et retrouva la paix...